# Chistes
## Para Siempre

Cuentos graciosos
y humor gráfico
para reír sin parar

**Marcelo Pineda Herrera**

CATEGORÍA: Humor

Impreso en los Estados Unidos de América

ISBN-10:1-64081-021-8
ISBN-13:978-1-64081-021-1

# ÍNDICE

# Introducción

Este libro es el resultado de mi archivo de chistes y bromas, el cual estaba repleto y quería conservar con un mejor formato. Contiene algunos chistes que ya son famosos en el idioma inglés, los cuales he traducido y que escuché por primera vez en alguno de mis tantos viajes.

Este puede ser un libro de chistes para adultos como así también de chistes para niños, ya que no encontrarás chistes groseros ni de mal gusto, ya que esta obra ha sido pensada para leer en familia, sin temor a encontrarnos con malas palabras o mensajes de doble sentido.

En este libro encontrarás relatos graciosos y también humor gráfico, ya que he incluido algunos dibujos que he publicado en diferentes revistas y libros de cuentos de mi ciudad.

Espero que pases un momento muy divertido mientras lees este libro. Seguramente no todos los chistes te harán destornillarte de la risa, porque cada ser humano es diferente y lo que es gracioso para unos es muy tonto para otros. Sin embargo, estoy seguro que la lectura de este libro te sacará al menos una sonrisa y alegrará tu día.

## Chistes

El panorama es desolador. Matías se encuentra en medio de explosiones y gritos de soldados que corren a su alrededor y claman por un médico. Se despierta de repente y se da cuenta que estuvo soñando, son esos 15 minutos que le dan luego de la comida y antes de salir al frente otra vez.

Al lado de su cama ve que le han dejado una carta. Mira el sobre y se da cuenta que es su hermano, de quien no recibía noticias hace mucho, desde que partió para la guerra.

En la carta su hermano le cuenta que el gato que

le había dejado a su cuidado lamentablemente murió atropellado por un camión.

Acongojado por la noticia, saca fuerzas de donde no tiene y escribe lo siguiente:

"Apreciado hermano. Gracias por escribirme y a pesar de la noticia tan triste, gracias por haberme avisado. Pero para la próxima vez, deberías escribir con un poco más de cuidado. Recuerda que estoy aquí solo en medio de una guerra y cada día puede ser el último. Creo que por lo menos deberías haber me preparado para la noticia. Por ejemplo, podrías haberme enviado una carta que solamente dijera algo como "ayer el gato se subió al árbol y no he podido bajarlo". Luego podrías haber enviado otra carta que dijera "El gato pudo bajar del árbol y cruzó la avenida". Y por último, otra carta que indicara que al cruzar la avenida un camión lo atropelló. ¿Me explico? De este modo yo hubiera estado mejor preparado para tan mala noticia. Me despido de ti con esperanzas de verte pronto. Tu hermano Matías".

Al mes siguiente, el soldado recibió otra carta de su querido hermano, en la cual se leía, en una sola línea: "La abuela se subió al árbol y no he podido bajarla".

\*\*\*\*\*

Un amigo me contó que tenía una conocida que trabajaba presentando noticias en un canal de televisión. Me dijo que esta señora era tan, pero tan gorda, que cuando aparecía en la televisión salía en todos los canales.

*****

Era una agradable tarde de primavera, y un par de borrachos caminaban por el parque de la ciudad cuando se percatan de una señora muy gorda que pasa junto a ellos.

- Mira, Pedro, ahí va un tanque - dice uno de los borrachos.
La señora alcanza a oír ese comentario, por lo que se da vuelta en seco, le sacude la boca de un carterazo con tanta puntería que lo deja tirado en el suelo. A todo esto el otro borracho agrega:

- ¡Y es un tanque de guerra!

*****

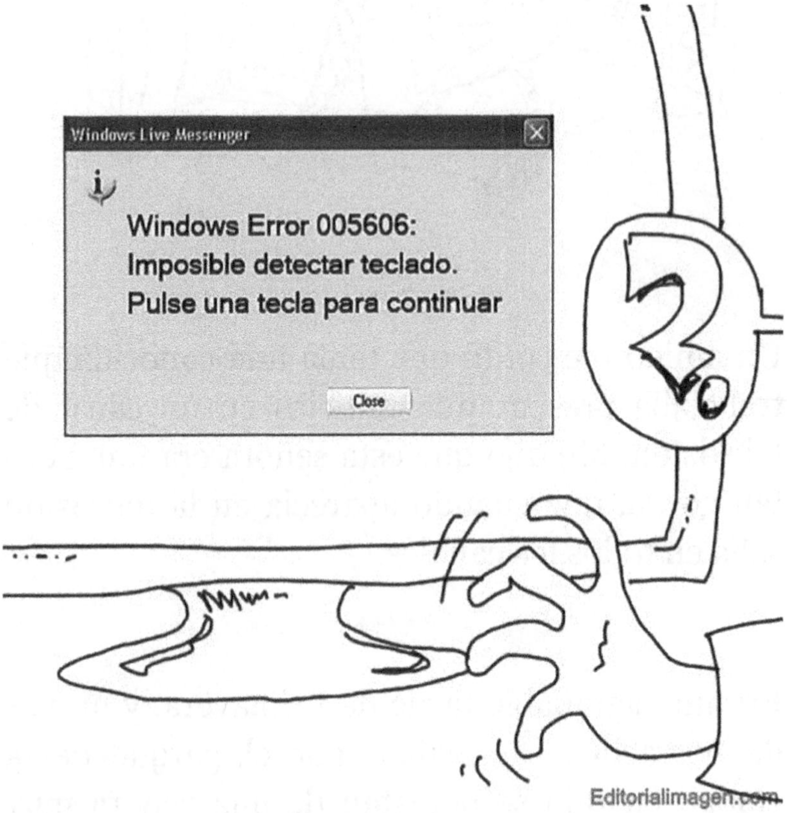
Windows Live Messenger
Windows Error 005606:
Imposible detectar teclado.
Pulse una tecla para continuar
Close
Editorialimagen.com

Casi al finalizar el año escolar, la maestra estaba intentado convencer a sus alumnos de lo importante que era la foto del curso completo. Había que comprar una copia de la fotografía del grupo, por lo que algunos todavía dudaban. Por eso la maestra les decía:

- Imagínense qué bonito sería cuando ya todos estén grandes, vean la fotografía y digan: 'Allí está Carlos, que ahora es médico en Estados Unidos, y allí está Sofía que es abogada, y ése es Pedro, que se dedica a filmar películas en Europa...

De pronto se escuchó una pequeña voz que provenía del fondo del salón: - Y allí está la maestra. Ya se murió.

***** 

Erase una vez tres entrañables amigos que se llamaban Tonto, Nadie y Ninguno. Una tarde Tonto fue a la estación de policía y le dijo al comisario:

- Nadie se ha caído a un pozo y Ninguno lo está ayudando. A lo que el comisario le responde:

- ¿Usted es tonto?

- Sí, ¡Mucho gusto!

*****

Un anciano yace en su lecho de muerte. Con sólo unas horas de vida, de repente se da cuenta del olor de las galletas con chispas de chocolate procedente de la cocina. Con su última gota de energía, el viejo se sale de la cama, llega hasta las escaleras con muchísimo esfuerzo, y desciende hasta llegar a la cocina.

Allí, la esposa del anciano está ocupada horneando galletas con chispas de chocolate. Con su última onza de energía, ya casi trastabillando, el anciano toma una de las galletas. Su esposa, sin embargo, rápidamente le golpea en la palma de su mano.

- Déjala allí - le grita. - ¡Son para el funeral!

*****

Editorialimagen.com

Doña Eduviges era una acaudalada viuda, reconocida en su pueblo por ser muy rica. Esta señora tenía un amor celoso por su gato, Míster Flecos, por lo que en su testamento dejó la no muy despreciable suma de 800,000 dólares para cubrir los gastos de comida, higiene y todo lo que tuviera que ver con su gato. En el testamento había dejado muy en claro que ese dinero debía ser destinado para el gato, y que cuando éste muriera se le hiciera una misa de cuerpo presente, con todo completito.

La cuestión es que la señora pasó a mejor vida, y luego de algo así como 5 meses, falleció también el gato. Al día siguiente, muy temprano en la mañana, el encargado de la mansión fue a la iglesia para hablar con el padre y le dijo lo siguiente:

- Buenos días, Padre... le hago una preguntita: ¿cuánto cuesta una solemne misa de cuerpo presente?

- Bueno, hijo, eso depende de quién es el difunto, si hay que ir o no a la casa, organizar una procesión con los fieles de la iglesia, llevarlo todos juntos al cementerio, etc. Pero al final está costando alrededor de 1,500 dólares.

- Me parece bien, Padre. ¿Qué le parece si hacemos la Santa Misa a las 11 de la mañana este miércoles?

- Claro que sí, muchacho, pero dime ¿quién es el difunto?

- Es Míster Flecos, el gato de Doña Eduviges que murió ayer.

Ante esa respuesta, el religioso se enojó muchísimo, de tal forma que sacó a empujones de la iglesia al encargado del gato, al mismo tiempo que le decía:

- Lárguese ya mismo de este santo lugar. Esta es la casa de Dios, una casa de oración, donde se venera a los santos. ¿Cómo se atreve usted a realizar semejante propuesta? ¡Fuera, fuera de aquí!

Ya casi en la calle, el encargado del gato alcanza a decir:

- Lo siento mucho, Padre, perdóneme de verdad, señor cura... lo que sucede es que Doña Eduviges dejó 400.000 dólares exclusivamente para el funeral de su gato tan amado, y para que se le creara un bonito monumento en el cementerio... pero yo le agradezco de todas formas, señor cura.

Al escuchar lo que dijo el encargado, el Padre cambió inmediatamente su cara de ira y enojo por una sonrisa benevolente y por demás amigable. Cuando el encargado ya estaba cruzando el umbral de la puerta, lo llama y le dice con voz de ángel:

- Espera buen hombre, ¿cómo te llamas?

- Me llamo Gonzalo, Padre.

El cura se acerca, le da unas palmaditas en el

hombro y con voz dulzona le dice:

- Gonzalo querido, por amor de Dios, ¿Por qué no me dijiste desde un principio que el gato era católico?

*****

*****

Era una hermosa mañana de otoño y una viejecita escuchó que golpeaban la puerta de su casa. Se levantó, y cuando abrió la puerta se encontró con un joven muy bien vestido que lleva una aspiradora.

- Buenos días - dijo el joven. - Si pudiera tomar un par de minutos de su tiempo, me gustaría demostrar lo último en aspiradoras de alta potencia.

- ¡Vete! - le dijo la anciana. - No tengo dinero. Y comenzó a cerrar la puerta.

Rápido como un rayo, el joven metió el pie entre la puerta y el umbral, y empujó la puerta de par en par.

- No se apresure - dijo. - No hasta que por lo menos haya visto mi demostración. Al mismo tiempo que decía eso, vació un cubo de estiércol de caballo en la alfombra del pasillo.

- Si la aspiradora no elimina todos los rastros de este estiércol de caballo de su alfombra, señora, me ocuparé de comerme todo lo que sobre."

La anciana dio un paso atrás y le dijo:

- Bueno, espero que se esté muriendo de hambre, porque se me cortó la electricidad esta mañana!

*****

En una fábrica, dos trabajadores estaban hablando:

- Ya sé cómo conseguir que nos den unos días libres - dijo uno de ellos.

- ¿Y cómo piensas hacerlo? - le preguntó el otro con mucha curiosidad.

- Mira - dijo el primero, y se subió al techo, enredó sus pies en el caño del agua y se colgó al revés, con la cabeza apuntando al piso.

Luego de unos instantes entró el jefe, vio al trabajador colgado del techo, y le preguntó qué pensaba que estaba haciendo.

- Soy una lamparilla de luz - respondió el hombre.

- Me parece que estás muy cansado y necesitas algo de tiempo libre - dijo, sin dudar, el jefe. Al escuchar esto, el trabajador se bajó como pudo en un instante y salió de la fábrica. Casi al instante, el segundo trabajador también emprendió la vuelta y empezó a caminar hacia la salida.

- ¿Hacia dónde crees que vas? - le preguntó el jefe.

- Me voy a mi casa, es que no puedo trabajar en medio de la oscuridad. - le contestó el segundo trabajador.

\*\*\*\*\*

Una anciana estaba de pie en la barandilla de un barco de cruceros sosteniendo su sombrero con fuerza para que no lo sople el viento.

Un caballero se le acercó y le dijo:

- Perdóneme, señora, no tengo mala intención, pero ¿sabía usted que su vestido se levanta a causa del fuerte viento?

- Sí, lo sé, - dijo la mujer, - pero necesito las dos manos para aferrarme a este sombrero.

- Pero, señora, debería saber que sus partes privadas están siendo expuestas - le dijo el caballero.

La mujer miró hacia abajo y luego volvió a mirar hacia el hombre y le respondió:

- Señor, todo lo ve ahí abajo ya tiene 85 años. Acabo de comprar este sombrero ayer.

*****

Una mujer sube a un autobús con su bebé. El conductor le dice:

- ¡Uf, ese es el bebé más feo que he visto en mi vida!

La mujer camina hacia la parte trasera del autobús y se sienta, muy enojada. Le dice a un hombre que estaba sentada a su lado:

- El conductor acaba de insultarme. A lo que el hombre contesta:

- Vaya y dígale todo lo que piensa. No se preocupe, yo cuidaré su monito.

*****

\*\*\*\*\*

Un hombre le dice a su médico que ya es incapaz de hacer todas las cosas de la casa que en un tiempo solía hacer. Cuando terminó el examen, le pregunta a su médico:

- Dígame, doctor, pero dígamelo sin términos médicos: ¿cuál es el mal que me aqueja?

- Bueno - dice el doctor - se lo digo sin términos

médicos de por medio: usted es un vago. El hombre asiente con la cabeza.

- Ahora dígamelo en términos médicos para que se lo pueda decir a mi esposa.

*****

Un abogado muy exitoso estacionó su flamante BMW en frente de su oficina, listo para mostrarlo a sus colegas. Al salir, un camión pasó demasiado cerca y le arrancó la puerta del lado del conductor. Al ver lo ocurrido, el abogado de inmediato tomó su teléfono celular, llamó al 911 y en pocos minutos llegó un policía.

Antes de que el funcionario tuviera la oportunidad de formular las preguntas, el abogado comenzó a gritar histéricamente y a contarle que su BMW, que acababa de recoger de la concesionaria el día anterior, estaba completamente arruinado, y que no importaba si algún taller pudiera tratar de arreglarlo.

Cuando el abogado finalmente terminó con sus desvaríos, el funcionario movió su cabeza con disgusto e incredulidad.

- No puedo creer lo materialista que son ustedes los abogados, - dijo el policía. - Está tan concentrado en sus posesiones que no se ha dado cuenta de nada más.

- ¿Cómo puedes decir una cosa así? - Preguntó el abogado.

El policía le respondió:

- ¿Acaso no siente que su brazo izquierdo está cortado desde el codo hacia abajo? Seguramente el camión se lo debe haber arrancado cuando golpeó su coche.

- ¡Dios mío! - gritó el abogado. - ¡Mi Rolex!

\*\*\*\*\*

Un par de dueños de perros están discutiendo sobre cuál de sus perros es el más inteligente.

- Mi perro es tan inteligente, - dice el primer dueño - que cada mañana espera a que el repartidor de periódicos traiga el diario, le da su propina y luego me lo trae, junto con mi café de cada mañana.

- Lo sé - dice el segundo propietario.

- ¿Cómo lo sabes?

- Mi perro me lo dijo.

\*\*\*\*\*

\*\*\*\*\*

Un pasajero de taxi le tocó el hombro al conductor para hacerle una pregunta. De repente el conductor gritó, perdió el control del coche, casi chocó con un autobús, subió a la acera y se detuvo a escasos centímetros de un escaparate.

Por un segundo todo quedó en silencio en el taxi, el conductor le dijo:

- Mire, amigo, por favor no vuelva a hacer eso. Ha

sido el peor susto de mi vida.

El pasajero se disculpó y le dijo:

- Mil perdones, nunca pensé que un toquecito en el hombro le podría asustar tanto.

A lo que el conductor le responde:

- Lo siento, en realidad no es culpa suya. Hoy es mi primer día como conductor de taxi. Es que he estado conduciendo carrozas fúnebres durante los últimos 25 años.

*****

David recibió un loro para su cumpleaños. Lamentablemente este loro había desarrollado una mala actitud y un vocabulario todavía peor. Cada dos o tres palabras decía una obscenidad. Los que no eran palabrotas eran malas palabras y groserías.

David se esforzó por cambiar la actitud de esta ave y estaba constantemente diciendo palabras amables, escuchando música suave, y cualquier otra cosa que se le ocurría para poder cambiar su actitud. Nada funcionó. Si él gritaba también lo hacía el loro, solo que más enojada y grosera.

Finalmente, en un momento de desesperación,

David puso al pájaro en el congelador, sólo por un momento. Oyó su cotorreo y los insultos que provenían del refrigerador, pero de repente, todo se quedó en silencio.

David tuvo miedo de que pudiera haber herido el pájaro y rápidamente abrió la puerta del congelador.

El loro salió tranquilamente y le dijo:

- Creo que pude haberte ofendido con mi lenguaje grosero y mis groseras acciones. Esta vez voy a tratar de corregir mi comportamiento. Realmente estoy verdaderamente arrepentido y te pido perdón.

David se sorprendió del cambio de actitud del loro y estaba a punto de preguntarle qué había producido ese cambio dramático cuando el loro continuó:

- ¿Puedo preguntar qué fue lo que hizo el pollo?

*****

Editorialimagen.com

\*\*\*\*\*

Una mujer llegó un día a su casa y le dijo a su marido:

- Cariño, el coche no funciona, pero ya sé cuál es el problema.

Su esposo le preguntó:

- ¿Cuál es el problema, mi amor?

- Es que tiene agua... en los inyectores. - El marido se quedó pensando por un momento y luego le dijo:

- No lo tomes a mal, pero tú no sabes la diferencia entre los inyectores y el acelerador.

- No, pero te aseguro que hay agua en los inyectores - insistió la mujer.

- Está bien, mi vida, si tú lo dices...voy a ir a echarle un vistazo ahora mismo. Dime, cariño, ¿dónde está el auto? - le preguntó el marido.

- En el lago. - respondió la mujer.

***** 

Un día, mientras su madre lavaba los platos en el fregadero de la cocina, una niña se quedó muy pensativa al observarla. Es que de repente percibió que su madre tenía muchos cabellos blancos que se destacaban por encima de su cabello oscuro.

Ella miró a su madre con curiosidad e indagó:

- ¿Por qué algunos de tus cabellos están blancos, mamá?

Su madre le respondió:

- Bueno, hija, cada vez que te portas mal y me haces enojar, alguno de mis tantos cabellos se pone todo blanco.

Entonces la niña se quedó muy pensativa durante un momento, pero a los pocos segundos replicó:

- Mamá, ¿cómo es que TODOS los pelos de la abuela ya están blancos?

*****

Dos hombres de negocios en la Florida estaban sentados en su nueva tienda que abrirían la semana próxima. Entre café y café, estaban tomándose un descanso y hablando de los pasos siguientes a tomar. Hasta el momento, la tienda no estaba lista, y sólo tenía unos pocos estantes colocados en el salón. Uno de los emprendedores le dijo al otro:

- Te apuesto a que en cualquier momento pasa alguno, se asoma por la ventana y nos pregunta qué vendemos.

No había terminado de hablar cuando un anciano, claramente con mucha curiosidad, se acercó a la ventana, y mirando a uno de los dos preguntó en voz baja:

- Oiga mijo, ¿Qué es lo que están vendiendo aquí?

Uno de los hombres contestó sarcásticamente:

- Estamos vendiendo imbéciles.

Sin perder su postura, el mayor de edad le contesta:

- Vaya, se ve que lo están haciendo muy bien. Ya sólo quedan dos.

*****

Un conductor está conduciendo su autobús por una carretera el cual está lleno de personas mayores cuando de pronto siente un golpecito en el hombro. Una viejecita le ofrece un puñado de cacahuetes (maníes), que él acepta y luego mastica con mucha gratitud.

Después de unos 15 minutos, la misma viejita le da un golpecito en el hombro otra vez y le entrega otro puñado de cacahuetes. Se repite este gesto bondadoso alrededor de cinco veces más.

Cuando la viejita está a punto de entregar otro puñado de cacahuetes nuevamente, le pregunta el conductor:

- Señora, la verdad estoy agradecido por convidarme sus cacahuetes, pero ¿Por qué no come usted los cacahuetes o los comparte con sus amigos?

- No podemos masticar porque no tenemos dientes, y además es feo solamente chuparlos - respondió ella. El conductor desconcertado pregunta:

- ¿Entonces para qué los compra?

La anciana contesta: - Es que nos encanta el chocolate que los recubre.*

Un granjero que vivía en uno de esos montes perdidos en alguna región de Centroamérica caminó 24 kilómetros hasta el almacén general.

- Hola, Guillermo.- le dijo Samuel, el dueño de la tienda.

- Hola, Samuel. Dime, ¿todavía haces fuego frotando piedra con piedra?

- Claro que sí, Guillermo, no hay otra manera. ¿Por qué me lo preguntas?

- Es que tengo algo que mostrarte. Algo para hacer fuego. Se llama fósforo (cerilla).

- ¿Fósforo? Nunca había oído hablar de él.

- Mira esto. Si quieres fuego esto es todo lo que tienes que hacer, dice el granjero, al mismo tiempo que raspando el pequeño fósforo con su pantalón, logra encenderlo y se lo acerca al dueño de la tienda.

- ¡Vaya! Muy interesante... pero no es para mí.

- ¿Por qué no, Samuel?

- Es que no quisiera caminar 24 kilómetros para pedirte prestado los pantalones cada vez que necesito fuego.

*****

Un día, en Irlanda, dos hombres estaban sentados en un bar, bebiendo un poco de cerveza, cuando uno se vuelve hacia el otro y dice:

- ¿Ves a ese hombre de ahí? Se ve igual que yo! Creo que voy a ir allá y hablar a él.

Dicho y hecho, se va hacia el hombre y le toca el hombro:

- Disculpe señor,- comienza, - pero me di cuenta de que se parece mucho a mí!

El segundo hombre se da vuelta y le dice: - Sí, me di cuenta de lo mismo, ¿de dónde eres?

-Soy de Dublín, dice el primero.

¡Yo también! - dice el segundo hombre: - ¿En qué calle vives?

- En calle McCarthy - dice

- ¡Yo también! - responde el segundo hombre: - ¿En qué número?

- 162 - dice.

- ¡Yo también! - exclama el segundo hombre: - ¿Cómo se llaman tus padres?

- Connor y Shannon - dice el hombre.

- ¡Los míos también - grita el segundo hombre: - ¡Esto es increíble!

Así que los dos compran un poco más de cerveza y siguen hablando un poco más justo cuando se produce el cambio de cantineros. El cantinero nuevo le pregunta al otro que está a punto de irse:

- ¿Qué hay de nuevo hoy?

- Bueno, no mucho. - le responde - Los gemelos Murphy están borrachos otra vez.

***** 

Un niño entra a una peluquería. El peluquero susurra en el oído a su cliente:

- Este chico es el más tonto del mundo. Mire, se lo probaré.

El peluquero pone un billete de un dólar en una mano y dos monedas de veinticinco centavos en la otra, a continuación, llama al chico y le pregunta:

- ¿Cuál quieres, hijo?

El niño toma las dos monedas, se da vuelta y se va.

- ¿Qué le dije? - dice el peluquero a su cliente - Ese muchacho nunca aprende!

Más tarde, cuando el cliente se está yendo, ve al mismo chico saliendo de la tienda de helados.

- Oye, niño! ¿Puedo hacerte una pregunta? ¿Por qué tomaste las monedas en lugar del billete de un dólar?

El muchacho siguió lamiendo su helado y

respondió:

- Porque el día que tome el dólar, el juego habrá terminado!

\*\*\*\*\*

\*\*\*\*\*

Roberto estaba en graves problemas. Se había olvidado de su aniversario de bodas. Su esposa estaba realmente enojada. Ella le dijo:

- ¡Mañana por la mañana espero encontrar un regalo en el garaje y más vale que vaya de 0 a 200 en 6 segundos!"

A la mañana siguiente Roberto se levantó temprano y se fue a trabajar. Cuando su esposa se despertó, miró por la ventana y efectivamente, había una caja de regalo en el garaje, envuelta en papel de regalo.

Confundida, la mujer se puso la bata y salió corriendo en dirección al garaje y trajo la caja a su casa. La abrió y se encontró con una balanza portátil.

A Roberto no se lo ve desde el viernes.

*****

Mariela, una niña de ocho años, llevó a su casa la libreta de calificaciones que le dieron en la escuela. Sus calificaciones fueron muy buenas, la mayoría eran 10 y algunos 9 y 8.

Sin embargo, su maestro había escrito en la parte inferior: "Marielita es una niña inteligente, pero tiene un defecto: habla demasiado en la escuela.

Tengo una idea que voy a implementar y que creo que puede mejorar su conducta para romper con ese mal hábito.

El papá de Mariela firmó su libreta de calificaciones, poniendo una nota en el reverso: "Estimado Profesor: por favor, hágame saber si su idea funciona con Mariela porque me gustaría probarlo con su madre."

*****

El nuevo pastor del pueblo salió a visitar a sus feligreses, por lo que decidió dar un paseo y parar en cada casa.

´Luego de un par de visitas con gente muy amable, llegó a una casa en la que parecía obvio que había alguien, sin embargo no hubo respuesta a los repetidos golpes a la puerta. Por lo tanto, sacó una tarjeta y escribió "Apocalipsis 3:20" en la parte de atrás y lao metió debajo de la puerta.

Cuando se recogió la ofrenda el domingo siguiente, se encontró con que habían devuelto su tarjeta. Sumado a lo que él había escrito encontró lo siguiente: "Génesis 3:10. "

Inmediatamente tomó su Biblia para revisar ese pasaje y luego de leerlo empezó a reír a carcajadas.

Apocalipsis 3:20 comienza así: "He aquí, yo estoy a la puerta y llamo". Génesis 3:10 dice: "Oí tu voz en el huerto y tuve miedo, porque estaba desnudo."

*****

*****

Una compañía, sintiendo que era el momento para una reorganización, contrata a un nuevo gerente general. Este nuevo jefe está decidido a liberar a la empresa de todos los vagos, mejorando así la producción y aumentando las ventas.

En un recorrido por las instalaciones, el nuevo gerente da cuenta de un hombre apoyado en una pared. La sala está llena de trabajadores y quiere hacerles saber que los cambios van en serio.

El director se acerca al chico y le pregunta:

- ¿Cuánto dinero ganas en una semana?

Un poco sorprendido, el joven lo mira y le responde:

- Gano 300 dólares a la semana. ¿Por qué?

El gerente saca 1.200 dólares en efectivo, se los da al chico y grita:

- Aquí tienes cuatro semanas de salario, ahora vete de aquí ¡y no vuelvas nunca más!

Sintiéndose muy bien acerca de su primer despido, el gerente mira alrededor de la habitación y pregunta:

- ¿Alguien quiere decirme lo que ese bueno para

nada hacía aquí?

Con una tímida sonrisa, uno de los otros trabajadores le contesta:

- Es el repartidor de pizzas de Pizza Hut.

*****

*****

Un vaquero monta en su caballo y llega hasta un salón. Éntra, pide un trago y luego se va, pero al salir fuera se encuentra con que le han robado su caballo. Vuelve al salón y pregunta:

- ¿Dónde está mi caballo?"

No hay respuesta por parte de los lugareños, así que les dice:

- Voy a pedir un trago más, y si el caballo no está afuera para cuando termine, voy a tener que hacer lo que hice en Texas... y la verdad que no me gusta hacer eso.

De pronto la gente empieza a murmurar, unos se levantan, otros salen afuera. La cuestión es que cuando el vaquero termina su trago, el caballo ya está afuera.

A medida que el extraño se sube a su caballo, el cantinero le pregunta:

- Señor, ¿Qué hizo usted en Texas? A lo cual responde el vaquero:

- Tuve que volverme caminando.

*****

Un hombre ciego estaba paseando con su perro lazarillo, cuando de repente el animal se detuvo, levantó su pata y le mojó toda la pierna al pobre hombre. Inclinándose, el ciego le tendió la mano y le acarició la cabeza al perro.

Después de haber visto lo que pasó, un transeúnte le dijo:

- Oiga, ¿por qué le acaricia? ¡Ese perro acaba de orinarle toda pierna!

- Lo sé,- dijo el ciego, - pero tengo que encontrarle la cabeza antes de que pueda patear su trasero.

*****

En un centro comercial atascado de gente, una señora perdió su bolso en medio de todo el bullicio de las compras.

El mismo fue encontrado por un niño honesto que se lo devolvió. Buscando en su bolso, la señora comentó:

- Hmmm... Qué extraño. Cuando perdí mi bolso había un billete de 20 dólares aquí adentro. Ahora hay 20 billetes de $1 dólar...

El muchacho respondió rápidamente:

- Así es, señora. La última vez que encontré el bolso de una dama, la señora no tenía cambio para darme una recompensa.

*****

Dos ávidos pescadores estaban muy entusiasmados, ya que por fin había llegado el fin de semana cuando partirían de viaje para pescar en un lago no muy lejos de donde vivían. Alquilaron todo el equipo: los carretes, cañas de pescar, carnadas, trajes equipados para la ocasión, el bote a remos, el coche, e incluso una cabaña en el bosque. Gastaron una fortuna.

El primer día fueron a pescar, pero no lograron pescar nada. Lo mismo ocurrió el segundo día, y de nuevo pasó lo mismo el tercer día. Finalmente, en el último día de sus vacaciones, uno de los hombres atrapó un pescado.

Mientras estaban conduciendo a casa, realmente deprimidos, uno de los hombres se vuelve al otro y le dice:

- ¿Te has dado cuenta que este pez asqueroso y diminuto nos ha costado $1,500 dólares?

El otro contesta:

- ¡Wow! Menos mal que no pescamos más.

*****

Un artista fue con el dueño de la galería para averiguar si había habido algún interés en las pinturas que estaban en exhibición.

- En realidad tengo buenas y malas noticias, - respondió el dueño. - La buena noticia es que un caballero apreció tu trabajo y me preguntó si las obras incrementarían su valor después de tu muerte. Le dije que sí y compró todas tus pinturas.

- ¡Eso es maravilloso! - exclamó el artista. - ¿Cuál es la mala noticia?

- El caballero es tu médico.

*****

*****

Un pequeño hombre, muy tímido, se aventuró en un bar de moteros en el Bronx y aclarándose la garganta preguntó a los allí presentes:

- Um, eh... disculpen, ¿cuál de ustedes, caballeros, es el dueño del doberman atado afuera en el estacionamiento?

Un hombre gigante, vestido con chaqueta y pantalones de cuero para motociclistas, con el pelo rojizo saliéndose de su gorra negra, se volvió lentamente de su taburete, miró fijamente al hombre tembloroso y dijo:

- Es mi perro. ¿Por qué?

- Bueno, - chilló el hombrecillo, obviamente muy nervioso - Creo que mi perro lo acaba de matar, señor.

- ¿Qué? - rugió el hombre grande con incredulidad. - ¿¡Pero qué clase de perro tienes, renacuajo?!

- Señor, - respondió el hombre, - es un cachorro hembra de poco más de cuatro semanas de edad.

- ¡Esto es una broma! - rugió el motorista, - ¿cómo podría tu cachorro matar a mi doberman?

- Bueno, eh... parece ser que su perro se atragantó

con ella, señor.

\*\*\*\*\*

\*\*\*\*\*

Juan fue a visitar a su abuelo que tenía 90 años de edad, a su casa en un poblado alejado de Texas.

Después de pasar una gran velada charlando toda la noche, el abuelo de Juan preparó el desayuno con tocino, huevos y tostadas. Sin embargo, Juan notó unas manchas y algo como que parecía restos de comida en su plato, por lo que le preguntó a su abuelo:

- Abuelo, ¿Estos platos están limpios? Su abuelo contestó:

- Tan limpios como la buena agua fría los puede limpiar, hijo. Vamos, termina tu desayuno.

Para el almuerzo, el anciano hizo hamburguesas. Una vez más, Juan estaba preocupado porque vio lo que parecían pequeñas manchas en el borde de su plato, junto con un líquido algo viscoso. De modo que preguntó nuevamente:

- ¿Estás seguro de que estos platos están limpios?

Sin levantar la vista, pero también un poco molesto por la misma pregunta, el anciano contestó:

- Te lo dije antes, querido, los platos están tan límpidos como la buena agua fría los puede limpiar. Ahora no te preocupes, no quiero oír ni una palabra más al respecto.

Esa misma tarde, Juan tenía que ir a un pueblo

cercano y, cuando salía, el perro de su abuelo empezó a gruñir, y no lo dejó pasar. Juan gritó diciendo:

- Abuelo, tu perro no me deja llegar al coche.

Sin desviar su atención del partido de fútbol que estaba viendo en la televisión, el anciano gritó:

- ¡Aguafría, ven aquí inmediatamente!"

*****

Una señora va a dar una fiesta para su nieta, una niña de 8 años, y había hecho todo lo posible para que sea una de esas fiestas inolvidables: había contratado una empresa de catering, la banda musical del momento y un payaso muy famoso en ese entonces.

Justo antes de que comience la fiesta, dos vagabundos se presentaron en busca de una limosna. Sintiendo lástima ellos, la mujer les dijo que les daría de comer si le ayudaban a cortar un poco de leña en la parte de atrás de la casa. Agradecidos, los dos hombres se dirigieron a la parte trasera de la casa.

Los invitados empezaron a llegar, y todo iba bien con los niños, los cuales se estaban divirtiendo mucho y estaban pasando un tiempo maravilloso.

Pero el payaso todavía no se había presentado. Después de una hora y media, el payaso finalmente llamó a la señora para informarle que estaba atrapado en el tráfico, por lo que era muy probable que no asistiría a la fiesta esa tarde.

La mujer estaba muy decepcionada y sin éxito trató de entretener a los niños por sí misma. De pronto miró por la ventana y vio a uno de los vagos haciendo volteretas por el césped. Observó con asombro cómo se balanceaba entre las ramas de los árboles, para luego dar otra vuelta con increíble agilidad y saltar por los aires.

Habló con el otro vagabundo y le dijo:

- Lo que tu amigo está haciendo es absolutamente asombroso. Nunca he visto tal cosa en mi vida. ¿Crees que tu amigo consideraría repetir esa actuación para los niños en la fiesta? Le pagaría $ 50 dólares.

- Bueno, no sé. Déjame preguntarle. - El vagabundo se da vuelta y le pregunta al otro: - ¡Oye Javier! Por 50 dólares al contado, ¿Te volverías a cortar otro dedo con el hacha?

*****

*****

En cierta ocasión un granjero plantó sandías en su campo. Lo estaba haciendo bastante bien, hasta que notó que algunos niños de la localidad se colaban en su plantación por las noches para comer sus sandías.

Después de pensarlo cuidadosamente, se le ocurrió una muy buena idea para lograr alejar a los niños de una vez y para siempre. Hizo un letrero y lo puso en el campo. A la noche siguiente, los chicos se presentaron y vieron la señal que decía: "¡Atención! Una de las sandías en este campo ha sido inyectada con cianuro".

Los niños se fueron de allí corriendo, hicieron su propio cartel y lo pusieron cerca del cartel que hizo el granjero. Al día siguiente, cuando el granjero se levantó esa mañana, fue a inspeccionar el campo. Se dio cuenta de que no faltaba ninguna sandía, pero había un cartel al lado del suyo que decía: "Ahora hay dos!"

*****

Una niña le contó a su maestra sobre lo que aprendió en su clase de escuela dominical y estaban hablando sobre las ballenas. La educadora insistía en que, aunque era una bestia muy grande, para una ballena era realmente imposible poder tragarse a un ser humano, porque su garganta era bastante pequeña.

La niña, sin embargo, aseveraba que Jonás fue tragado por una ballena.

Impacientada, la profesora le reiteró que un mamífero como ése no podía de ninguna manera tragarse a un ser humano, pues era físicamente imposible.

La niña dijo:

- Bueno, cuando llegue al cielo voy a ser la primera en preguntarle a Jonás.

A lo que la maestra replicó:

- ¿Y si Jonás está en el infierno?

La niña respondió:

- Entonces le puede preguntar usted.

*****

Al llegar al final de una entrevista de trabajo, el encargado de Recursos Humanos le pidió a un ingeniero joven recién salido de la Universidad:

- Bien, ¿Y qué salario inicial estabas buscando?

El joven e inexperto ingeniero dijo:

- Bueno, algo en el rango de los $125,000 dólares por año, dependiendo del paquete de beneficios.

El entrevistador le dijo:

- Bueno, ¿qué te parece un paquete de cinco semanas de vacaciones, 14 días festivos pagados, cobertura médica y dental completa, un fondo de jubilación del 50% del salario, y un vehículo que te puede dar la empresa, digamos, Corvette rojo?

El Ingeniero se enderezó y dijo:

- ¡Wow! ¿Es una broma?

Y el entrevistador respondió:

- Sí, pero usted empezó.

*****

En el primer día de escuela, los niños trajeron regalos para su profesor. El hijo del florista le trajo un ramo de flores. La hija del dueño de la tienda de dulces le dio al maestro una bonita caja de bombones importados.

Entonces el hijo del propietario de la tienda de licor trajo una caja grande y pesada. El maestro se levantó y se dio cuenta de que estaba goteando un poco. Tocó una gota del líquido con el dedo y la probó.

- ¿Es el vino? - intentó adivinar.

- No, respondió el muchacho. Probó otra gota y le preguntó:

- ¿Champagne?

- No,- dijo el niño - ¡Es un perrito!

*****

Tomás, Ricardo y Enrique se fueron a una fiesta. Como a las 2 de la mañana, luego de la fiesta, regresaron al hotel. El hotel era de 60 pisos de altura y adivina dónde estaba su habitación... así es, en el piso 60.

Desafortunadamente, el ascensor no funcionaba desde ayer a la tarde pues estaba en reparación. Como no querían pensar en el trabajo que les costaría subir se les ocurrió hacer un plan para los primeros 20 pisos, y era que Tomás contara chistes.

Para los segundos 20 pisos Ricardo contaría una historia de suspenso y, por último, Enrique contaría una historia triste. Así que comenzaron a subir las escaleras.

Después de alrededor de una hora y ya casi desfalleciendo luego de subir 40 pisos, llegó el turno de Enrique. Se volvió hacia los otros dos y les dijo:

- Ok chicos, aquí está mi historia triste: Me olvidé las llaves del departamento!

*****

Un conductor es detenido por un oficial de policía. El conductor le pregunta:

- ¿Cuál es el problema, oficial?

A lo que el funcionario contesta:

- Caballero, iba a 75 en una zona de 55.

- Oh, no, oficial. Iba a 65. A lo que la esposa del conductor, que estaba en el asiento del acompañante, agrega:

- Vamos, José. Di la verdad, ibas a 80. (El hombre le da a su esposa una mirada asesina.)

- Además, tengo que hacerle una multa porque

tiene su luz trasera destrozada. - agregó el oficial de policía.

- ¿En serio? Vaya, no lo sabía? - contesta el conductor, a lo que su mujer agrega:

- José, te dije que esa luz estaba descompuesta hace como 3 semanas. (El hombre le da a su esposa otra mirada exterminadora.)

- Y tengo que incluir en la multa una citación por no llevar el cinturón de seguridad. - dijo el policía

- Oh, es que me lo quité cuando usted me detuvo, oficial.

- No seas mentiroso, José. Nunca te pones el cinturón de seguridad. - comentó su esposa.

El hombre al volante, sobremanera enfadado y molesto, se vuelve hacia su esposa y le grita:

- ¡Cállate por favor!

El oficial vuelve hacia la mujer y le pregunta:

- Señora, ¿su esposo suele hablar con usted de esta manera todo el tiempo?

- Oh, no, oficial, sólo cuando está borracho.

*****

*****

Jorge se estaba preparando para ir a la cama cuando su esposa le dijo que había dejado la luz encendida en el cobertizo así que abrió la puerta para ir a apagar la luz, pero vio que había gente en el cobertizo intentando robar cosas.

De inmediato llamó a la policía, que preguntó "¿Hay alguien en tu casa?", a lo que Jorge dijo que no y le explicó la situación. Luego el agente que contestó la llamada le explicó que todas las patrullas estaban ocupadas, y que simplemente debía bloquear la puerta y un oficial estaría allí cuando estuviera disponible.

- Muy bien - dijo Jorge, colgó, contó hasta 30, y llamó nuevamente a la policía.

- Hola, he llamado hace unos segundos porque había gente en mi cobertizo. Bien, ya no tienen por qué preocuparse de ellos ya que les acabo de disparar a todos.

Luego colgó. Al cabo de cinco minutos, tres coches patrulla, una unidad de respuesta armada, y una ambulancia se presentaron en el lugar. Por supuesto, la policía atrapó a los ladrones in fraganti.

Uno de los policías le dijo a Jorge:

- ¡Creí que había dicho que les había disparado! A lo que él respondió rápidamente:

- ¡Pensé que me habían dicho que no había nadie disponible!

*****

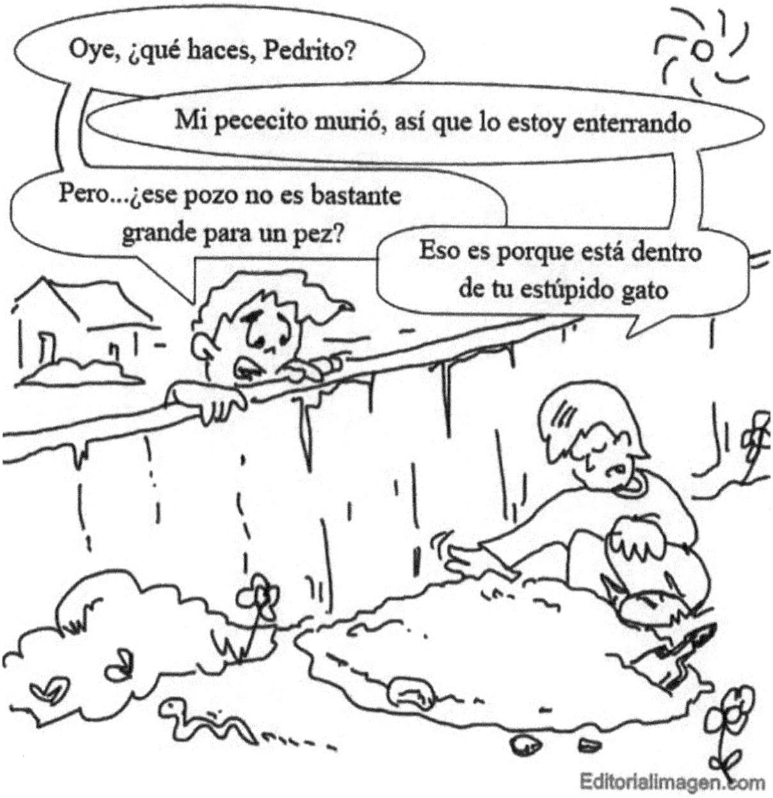
Oye, ¿qué haces, Pedrito?
Mi pececito murió, así que lo estoy enterrando
Pero...¿ese pozo no es bastante grande para un pez?
Eso es porque está dentro de tu estúpido gato
Editorialimagen.com

*****

# Libro de Regalo

Un obsequio de Editorial Imagen.

Con la compra de este libro también llevas gratuitamente en formato de Libro Electrónico: **"Los Mejores Chistes"** por Lucas Olmos para que puedas seguir divirtiéndote con esta recopilación de chistes latinoamericanos.

Esta obra ofrece un gran abanico de chistes y situaciones cómicas que te divertirán y te proporcionarán una amplia gama de recursos humorísticos, no sólo para tu propio disfrute, sino también para animar reuniones.

Para descargar el libro escribe este link en tu navegador:

*https://goo.gl/2Lxwyz*

**Estimado Lector:**

Nos interesan mucho tus comentarios y opiniones sobre esta obra. Por favor ayúdanos comentando sobre este libro. Puedes hacerlo dejando una reseña al terminar de leer el mismo en tu lector de libros electrónicos o en la tienda donde lo has adquirido.

Puedes también escribirnos por correo electrónico utilizando la siguiente dirección:
**info@editorialimagen.com.**

Si deseas más libros como éste puedes visitar el sitio web de Editorial Imagen (**www.Editorialimagen.com**) para ver los nuevos títulos disponibles y aprovechar los descuentos y precios especiales que publicamos cada semana.

Allí mismo puedes contactarnos directamente si tiene dudas, preguntas o cualquier sugerencia. ¡Esperamos saber de ti!

# Más Libros de Nuestra Editorial

**Los Mejores Chistes 2**
Otra divertida recopilación de los chistes latinoamericanos más graciosos.

Chistes inteligentes sin recurrir a un lenguaje vulgar. Chistes gráficos, imágenes que te hacen matar de risa! Con este libro tienes la diversión asegurada.

**Cuentos Humorísticos**
Más de 60 páginas de diversion.

Cuentos e historias graciosas. Una verdadera colección de cuentos chistosos.

¡Libera las tensiones de la rutina diaria con historias cortas que no te dejarán parar de reír!

**Los Mejores Chistes para Adultos**
Más de 100 páginas de Humor.

Contiene humor negro, chistes de ancianos, chistes de homo-sexuales, apodos graciosos, chistes clasificados sobre sexo, cuernos, religiosos y muchísimo más!

## Chiquilinadas
Divertidas anécdotas de los más pequeños

Este libro recopila diversas situaciones cómicas en las cuales los niños son los protagonistas. La mayoría son hechos reales. Los niños, con su sinceridad y alegría, hacen que nos sorprendan sus disparatadas ocurrencias.

\*\*\*\*\*

Printed in October 2023
by Rotomail Italia S.p.A., Vignate (MI) - Italy